CATALOGUE
DES LIVRES

PROVENANT DE LA BIBLIOTHÈQUE

DE M. ***. *Le Comte juste de Noailles* 

Dont la Vente se fera le Vendredi 20 et le Samedi 21 juin 1806, à six heures très-précises de relevée, rue des Bons-Enfans, n° 30.

SE TROUVE À PARIS,

Chez GUILLAUME DE BURE, Père et Fils, Libraires
de la Bibliothèque Impériale, rue Serpente, n° 7.

1806.

CATALOGUE

DES LIVRES

PROVENANT DE LA BIBLIOTHÈQUE

DE M. ***.

THÉOLOGIE.

1. Briani Waltoni Biblicus Apparatus. *Tiguri,* 1673, *in-fol. v. b.*

2. Biblia facra Polyglotta Waltoni. *Lond.* 1657, 6 *vol. in-fol.* = Caftelli Lexicon Heptaglotton. *Londini,* 1686, 2 *vol. in-fol. reliés en peau, dos de cuir de Ruffie.*

3. Biblia facra. *Antuerpiæ, ex officina Plantini,* 1583, *in-fol. fig. m. cit.*

4. Petri Galatini Opus de Arcanis Catholicæ veritatis, hoc eft : Comment. in loca difficiliora veteris Testamenti. *Bafileæ,* 1550, *in-fol. v. b.*

5. Hugonis Grotii Opera omnia Theologica, & Comment. in facram Scripturam. *Bafileæ,* 1732, 4 *vol. in-fol. v. m.*

6. Menochius in facram Scripturam. 1768, 4 *v. in-4. v. m.*

7. Hieronymi Pradi & J. Vilalpandi explanationes in Ezechielem. *Romæ,* 1596, 3 *vol. in-fol. fig. v. br.*

8. Explications de la Genèse, 6 *vol.* = du Deu-

téronome, 1 *vol.* = du Livre des Rois, 7 *vol.*
= de Job, 4 *vol.* = des Pſeaumes, 5 *vol.* =
d'Iſaïe, 6 *vol.* = de la Paſſion, 15 *vol.* par
Duguet. *Paris*, 1732. En tout 44 *vol. in-12.*
v. m.

9. Les Œuvres du P. Berthier, 5 *vol.* = Ses Re-
marques ſur les Pſeaumes, 8 *vol.* = Sur Iſaïe,
5 *vol. Paris*, 1790. En tout 18 *vol. in-12. v. m.*

10. Harduinus in novum Teſtamentum. *Amſtel.*
1741, *in-fol. v. b.*

11. Le Nouveau Teſtament en français, avec des
Réflexions morales, par Queſnel. *Amſterdam,*
1728, 8 *vol. in-12. v. m.*

12. Commentarius in Quatuor J. C. Evangelia,
auctore Luca Brugenſi. *Antuerpiæ*, 1712, 3 *vol.*
in-fol. v. b.

13. L'Evangile médité. *Paris*, 1777, 8 *vol. in-12.*
v. m.

14. Goar Rituale Græcorum, græce & latine.
Lut. Pariſiorum, 1647, *in-fol. v. b.*

15. J. Mabillon de Liturgia Gallicana, lib. III.
Lut. Pariſiorum, 1697, *in-4. v. b.*

16. Conciliorum collectio regia maxima. Edita
a J. Harduino. *Pariſiis, ex Typ. Reg.* 1715,
12 *vol. in-fol. v. m.*

17. Concilia Antiqua Galliæ. Opera & ſtudio
J. Sirmondi. *Lut. Pariſ.* 1629, 3 *vol. in-fol. v. b.*

18. J. Sirmondi opera varia, ſeu collectio vario-
rum Patrum. *Pariſiis, Typ. Reg.* 1696, 5 *vol.*
in-fol. v. m. Ch. Mag.

19. Baluzii Miſcellanea. *Pariſiis*, 1678, 7 *vol.*
in-8. v. m.

20. Clementis Romani epiſcopi de rebus geſtis
Sancti Petri, epitome, græce & latine. *Pariſiis,*
Typ. Reg. 1555, *in-4. vél.*

21. Clementis Alexandrini opera, græce & lat. ex editione Sylburgii. *Parif.* 1641, *in-fol. v. b.*

22. Origenis opera omnia, græce et latine, ex editione Benedictinorum. *Parifiis,* 1733, 4 *vol. in-fol. v. m.* ... 30

23. Origenis contra Celsum, libri VIII, græce & latine, edente Hoeschelio. *Augufæ Vindelicorum,* 1605, *in-4. vélin.*

24. Sancti Cypriani opera, ex editione Benedictinorum. *Parifiis, è Typ. Reg.* 1726, *in-fol. v. b.* } 6 — 1

25. Eusebii Pamphili præparatio & demonstratio Evangelica, græce & lat. edente F. Vigero. *Parifiis,* 1628, 2 *vol. in-fol. v. b.* , ... 15 — 19

26. S. Hilarii opera, ex editione Benedictinorum. *Parifiis,* 1693, 1 *vol. in-fol. v. br.* ... 4

27. Sancti Bafilii Magni opera, gr. et lat. ex editione Benedictinorum. *Parifiis,* 1721, 3 *vol. in-fol. v. m.* ... 30

28. S. Gregorii Nazianzeni opera, græce. *Bafileæ, Hervagius, in-fol. v. m.*

29. S. Gregorii Nazianzeni opera, gr. & lat. ex editione Jacobi Billii. *Parifiis,* 1630, 2 *vol. in-fol. v. br.* } 6 — 1

30. Sancti Ambrosii opera, ex editione Benedictinorum. *Parifiis,* 1686, 2 *vol. in-fol. v. b.* ... 18 — 1

31. S. Epiphanii opera, gr. & lat. ex editione Dionyfii Petavii. *Parifiis,* 1622, 2 *vol. in-fol. v. b.* ... 6

32. Sancti Joannis Chryfoftomi opera, gr. & lat. ex editione Benedictinorum. *Parifiis,* 1718, 13 *vol. in-fol. v. m.* ... 135

33. S. Hieronymi opera, ex editione Benedictinorum. *Parifiis,* 1693, 5 *vol. in-fol. v. b.* ... 30

34. S. Auguftini opera omnia, ex editione Bene— 31 — 1

dictinorum. *Parisiis, Muguet,* 1679, 11 *tomes en* 15 *vol. in-fol. v. b.*

35. S. Isidori Epistolæ, græce & latine, edente J. Billio. *Parisiis,* 1585, *in-fol. v. b.*

36. S. Cyrilli Alexandrini opera, gr. lat. ex edit. Auberti. *Parisiis,* 1638, 7 *vol. in-fol. v. f.*

37. B. Theodoreti opera, gr. lat. ex editione Sirmondi, & Garnerii. *Parisiis,* 1642 & 1684, 5 *vol. in-fol. v. f. Ch. Mag.*

38. S. Leonis Magni opera, ex editione P. Quesnel. *Lugduni,* 1700, *in-fol. v. b.*

39. S. Gregorii Magni opera, ex editione Benedictinorum. *Parisiis,* 1705, 4 *vol. in-fol. v. b.*

40. S. Joannis Damasceni opera, gr. & lat. ex editione Lequien. *Parisiis,* 1712, 2 *vol. in-fol. v. m.*

41. S. Anselmi opera omnia, ex editione G. Gerberon. *Parisiis,* 1721, *in-fol.*

42. S. Bernardi opera, ex editione & tertiis curis Mabillon. *Parisiis,* 1719, 2 *vol. in-fol. v. m.*

43. Dionysii Petavii Dogmata Theologica. *Paris. Cramoisi,* 1644, 5 *vol. in-fol. v. b.*

44. Ludovici Thomassini Dogmata Theologica. *Parisiis,* 1684, 3 *vol. in-fol. v. b.*

45. Theologia Dogmatica & moralis, auctore Habert. *Nanceii,* 1736, 7 *vol. in-8. v. m.*

46. Theologia moralis, auctore Lacroix. *Coloniæ,* 1729, 2 *vol. in-fol. v. b.*

47. Nodus Prædestinationis, auctore Car. Sfondrato. *Romæ,* 1697, *in-4. v. b.*

48. Traité de l'Unité de l'Eglise, par le P. Thomassin. *Paris,* 1686, 2 *vol. in-8. v. b.*

49. Joan. Morini opus de Pœnitentia, de sacris ordinationibus & exercitationes Biblicæ. *Paris.* 1651, 3 *vol. in-fol.*

50. Differtation fur la Validité des Ordinations anglaifes. *Bruxelles*, 1723, 2 *vol. in*-12.
51. Suarez opera omnia. *Venetiis*, 1740, 23 *vol. in-fol. demi-reliure.* 27 — 19
52. Œuvres de Boffuet: *Paris*, 1743, 17 *vol. in*-4. *v. m.*   111 — 10
53. Conférences Eccléfiaftiques, par Duguet. *Cologne*, 1742, 2 *vol. in*-4. *v. m.*   7 —
54. Effais de Morale, par Nicolle, &c. *Paris*, 1723, 19 *vol. in*-12. *v. b.*   7 — 1
55. Œuvres de faint François de Sales : Vie dévote, Traité de l'Amour de Dieu, Lettres, Vie, &c. *Rouen*, 1783, 15 *vol. in*-12. *v. m.*   26 —
56. Fortalicium Fidei. 1487, *in-fol. relié en bois. Gothique.*   1 —
57. Religionis naturalis & Revelatæ principia. *Parifiis*, 1774, 3 *vol. in*-8. *v. m.*   4 —

JURISPRUDENCE.

58. Profp. Fagnani Jus canonicum. *Vesuntione*, 1740, *six tomes rel. en 4 vol. in-fol. v. m.*   7 — 1
59. Difcipline de l'Eglife, touchant les Bénéfices, &c. par le P. Thomaffin. *Paris*, 1725, 3 *vol. in-fol. v. m.*   6 —
60. Loix eccléfiaftiques de France, par d'Héricourt. *Paris*, 1771, *in-fol. v. m.*   4 —
61. Mémoires du Clergé de France. *Paris*, 1771, 14 *vol. in*-4. *v. m.*   16 —
62. Juftiniani Novellæ, græcè. *Parifiis, Guillard*, 1542, *in*-8. *v. b.*   1 — 3

SCIENCES ET ARTS.

63. Mercurii Trifmegifti Pimandras , græce &
latine. *Burdigalœ*, 1574, *in-4. vél.*

64. Platonis opera, græce. *Bafileœ*, 1534, *in-fol.*
v. m.

65. Platonis opera omnia, gr. lat. edente Jo. Ser-
rano. *Parifiis*, *Henricus Stephanus*, 1578, 3 *tom.*
en 2 vol. in-fol. v. f.

66. Platonis opera omnia, gr. lat. edente Marfilio
Ficino. *Lugduni*, 1590, *in-fol. v. b.*

67. Platonis opera, lingua latina confcripta , per
Janum Cornarium. *Bafileœ*, 1561 , *in-fol. v. f.*

68. Ariftotelis opera, græce. *Venetiis , apud Aldi*
filios, 1551, *les tom. II, III, IV & VI, in-8. v. b.*

69. Ariftotelis opera omnia , gr. lat. edente Guil.
Duval. *Lut. Parif. Typ. Reg.* 1619, 2 *volum.*
in-fol. v. f.

70. Libri omnes Ariftotelis ad Logicam perti-
nentes, cum commentariis. 1584 , 2 *vol. in-4.*
v. f.

71. Sexti Empirici opera, quæ extant, græce &
latine. *Genevœ*, 1621 , *in-fol. v. b.*

72. Plotini opera , Marfilio Ficino interprete.
Bafileœ, 1562, *in-fol. v. b.*

73. Demonftratio immortalitatis animæ, auctore
Digbæo. *Parifiis*, 1655 , *in-fol. v. b. Ch. Mag.*

74. Dictionnaire Economique , par Chomel.
Amfterdam, 1732, *in fol. v. b.*

75. Alex. F. Petronius de victu Romanorum , &
de fanitate tuenda. *Romœ*, 1581, *in-fol. vélin.*

76. Diophanti Alexandrini Arithmeticorum libri VI, gr. lat. cum commentariis Guil. Ba-
chetti. *Lut. Parifiorum*, 1621, *in-fol. vélin.*

66. Plato, 1590. M. L.

79. Ptolemaeus. B.

84. Kircher. M. H. to have

77. Introduction à l'Analyse des Courbes algébriques, par Cramer. *Genève*, 1750, *in*-4. *v. m.*   *40*

78. Aftronomi Veteres, partim græci, partim latini, in unum corpus redacti. *Venetiis, Aldus*, 1499, *in-fol. relié en bois, fig.*   *21.*
Première édition.

79. Ptolemæi Magnæ conftructionis, id eft perfectæ cœleftium motuum pertractationis, libri XIII. Theonis Alexandrini in eofdem Commentariorum libri XI, græce. *Bafileæ*, 1538, 2 *vol. in-fol. vélin.*   *11···10*
Première édition.

80. Liber quadripartitus Ptolemæi. *Venetiis, per Bonetum Locatellum*, 1493. = Præclariffimus in Judiciis Aftrorum Alboharen Haly. *Jo. Baptift. Seffa*, 1503, *in-fol. relié en bois.*   *6····*

81. Guido Bonatus de Forlivio, decem continens Tractatus Aftronomiæ, cum figuris depictis. *Auguftæ Vindelicorum, Erhardus Ratdolt*, 1491, *in*-4. *relié en bois.*   *2.*

82. *Idem.* Guido Bonatus de Forlivio. *Coloniæ*, 1515, *in-fol. goth. rel. en bois.*   *6····*

83. J. B. Riccioli Almageftum novum, Aftronomiam veterem novamque complectens. *Bononiæ*, 1651, 2 *vol. in-fol. v. b.*   *12···*

BELLES-LETTRES.

84. Athanafii Kircheri lingua Ægyptiaca reftituta. *Romæ*, 1644, *in*-4. *vélin.*   *48 ···*

85. Inftitutiones & meditationes in Græcam linguam, Clenardo auctore. *Parifiis*, 1581, *in*-4. *v. m.*   *2 ···*

86. Commentarii Linguæ græcæ, Guilielmo Budæo auctore. *Coloniæ*, 1530, *in-fol. v. m.*   *5 ··· 19*

87. Henrici Stephani Thesaurus linguæ græcæ, gr. lat. *Parisiis, H. Stephanus,* 1572, 4 *vol. in-fol. v. b.*

88. Conciones sive Orationes, ex græcis latinisque Historicis excerptæ, gr. & lat. *Typis H. Stephani,* 1570, *in-fol. v. m.*

89. Isocratis opera gr. & lat. interprete Hieron. Wolfio. *Parisiis, H. Stephanus,* 1593, *in-fol. v. b.*

90. Demosthenis opera omnia, græce edita. *Lutetiæ, apud Benenatum,* 1570, *in-fol. v. m.*

91. Libanii Sophistæ opera, gr. & lat. edente Fred. Morello. *Parisiis, Morellus,* 1606, 2 *vol. in-fol. v. f.*

92. Ciceronis opera Philosophica & Epistolæ. *Parisiis,* 1528, *in-fol. relié en bois.*

93. M. Tullii Ciceronis Orationes. *Parisiis,* 1748, 3 *vol. in-*12. *v. m.*

94. M. Fabii Quintiliani oratoriarum institutionum, libri XII. *Parisiis,* 1531, *in-*4. *v. b.*

95. Anthologia græca, cum versione latina Hugonis Grotii. *Ultrajecti,* 1795, *in-fol. Ch. Mag.* Le premier volume.

96. Dicta Poetarum, quæ apud Stobæum extant, emendata & latino carmine reddita ab H. Grotio. *Parisiis,* 1623, *in-*4. *v. f.*

97. Poetæ græci veteres Heroici, Lyrici, &c. gr. & lat. *Coloniæ Allobrog.* 1606, 2 *vol. in-fol. v. b.* imparfait

98. Homeri opera, gr. & lat. edente Jo. Camerario. *Basileæ,* 1541, *in-fol. v. f.*

99. Homeri opera, græce & latine. *Patavii,* 1762, 2 *vol. in-*8. *v. m.*

100. Homeri Ilias, gr. *Venetiis, Aldus,* 1524, in-8. *v. b.* morill.

revendu 36....1

104. revendu imparfait 2

101. Homeri Ilias, græce, cum scholiis Didymi. Oxonii, è Th. Sheldon. in-8. v. f. _ _ _ _ _ _ 19 6

102. Homeri Ilias, græce. *Glasguæ, Foulis*, 1747, 2 *vol. in-*12. *v. m.* _ _ _ _ _ _ _ 6 5

103. Pindari opera, græce & latine, cum versione Nicolai Sudorii. *Oxonii, è Th. Sheld.* 1697, *in-fol. v. f.* _ _ _ _ _ _ _ 66 19

104. Interpretatio antiqua in Apollonii Rhodii Argonaut. græce. 1541, *in-*16. *v. b.* _ _ _ _ 8 19

105. T. Lucretii Cari de Rerum natura, lib. VI, edente D. Lambino. *Parisiis*, 1573, *in-*4. *vél.* _ 1

106. Œuvres de Boileau Despréaux, avec les figures de B. Picart. *La Haye*, 1729, 2 *vol. in-fol. v. f.* _ _ _ _ _ _ _ 18 ....

107. Œuvres de Pierre Corneille, avec des Commentaires par Voltaire. *Genève*, 1764, 12 *vol. in-*8. *fig. v. m.* _ _ _ _ _ _ 47 1

108. Hygini fabulæ. *Basileæ*, 1570, *in-fol. fig.* vélin.

109. Luciani Samosatensis opera, græce. *Basileæ*, 1545, 2 *vol. in-*8. *v. b.*   5 16

110. Philostratorum opera, gr. lat. edente Morello. *Parisiis*, 1608, *in-fol. v. b.* _ _ _ _ _ 2 10

111. Angeli Politiani opera. *Basileæ*, 1553, *in-fol.* vélin. _ _ _ _ _ _ _ _ 2 ....

112. Essais de Montaigne. *Londres*, 1739, 6 *vol. in-*12. *v. b.* _ _ _ _ _ _ _ 9 16

113. Œuvres de Voltaire. 1757, 20 *vol. in-*8. *v. m.* _ _ _ _ _ 8 4

114. Æneæ Sylvii Epistolæ omnes, in quadruplici vitæ ejus statu scriptæ. *Nurembergæ, Koburger*, 1481, *in-fol. rel. en bois.*

115. Epistolæ Guillielmi Budæi. *Parisiis*, 1520, *in-*8. *v. b.*   1 10

HISTOIRE.

116. C. Ptolemæi Alexandrini Geographiæ, libri V.III, gr. lat. per G. Mercatorem recogniti & castigati. *Francofurti*, 1605, *in-fol. fig. v. b.*

117. Pomponii Melæ de situ orbis, libri III, ex editione Jo. Olivarii. *Parisiis*, 1557, *in-4. vélin.*

118. Novum Lexicon Geographicum, auctore M. A. Baudrand. *Isenaci*, 1677, 2 *tomes en* 1 *vol. in-fol. v. f.*

119. Introduction à l'histoire de l'Univers, par Puffendorff. *Amsterdam*, 1721, 8 *vol. in-12. v. b.*

120. Abrégé de l'histoire Ecclésiastique (par Racine). *Cologne*, 1754, 14 *vol. in-12. v. m.*

121. Histoire de l'Eglise Gallicane, par Longueval. *Paris*, 1732, 18 *vol. in-4. m. r.*

122. Græcia Orthodoxa, ed. Leon. Allatio. *Romæ*, 1652, 2 *vol. in-4. v. m.*

123. Kortholtus de Calumniis Gentilium in veteres Christianos. *Lubecæ*, 1703, *in-4. vélin.*

124. De Christiana expeditione, apud Sinas, suscepta a patribus Soc. Jesu, auctore Tricantio. *Augustæ Vindelicorum*, 1615, *in-4. vélin.*

125. Lettres édifiantes. *Paris*, 1780, 26 *vol. in-12. v. m.*

126. Acta primorum Martyrum, auctore T. Ruinart. *Parisiis*, 1689, *in-4. v. b.*

127. Fl. Josephi opera, gr. lat. *Genevæ*, 1611, *in-fol. v. b.*

128. Herodoti historiæ, libri IX, ex interpreta-

128. Herodotus - M . A.

129. Thucydidis. M. A.

132. Hist. Roman. M. A.

tione Laur. Vallæ, ab H. Stephano recognitæ. *Typis ejusdem Stephani*, 1566, *in-fol. v. b.*

129. Thucydides de bello Peloponesiaco, gr. lat. ex interpret. L. Vallæ, edente H. Stephano. *Typis ejusdem Steph.* 1564, *in-fol. v. b.* — — — — 7.....

130. Xenophontis opera, græce & latine, ex editione Leunclavii. *Lut. Parif. Typ. Reg.* 1625, *2 tomes en 1 vol. in-fol. v. f. dent.* — — — 24.....

131. Histoire Universelle de Diodore de Sicile, traduite par Terrasson. *Paris*, 1737, 7 *vol. in-12. v. b.* — — — — — 16

132. Historiæ Romanæ Scriptores græci minores, græce & latine, edente Sylburgio. *Francofurti*, 1590, *in-fol. v. b.* — — — — 2.....

133. Dionis Caffii Historia Romana, gr. lat. ex editione Sam. Reimari. *Hamburgi*, 1750, 2 *vol. in-fol. v. m.* — — — — 59.....D

134. Lucii Annæi Flori rerum Romanarum libri. *Parifiis*, 1576, *in-4. vélin.* — — — 1..... 1.

135. Hugonis Grotii Annales & Historiæ de Rebus Belgicis. *Amftelodami*, 1657, *in-fol. vélin.* — — — — — 2....7.

136. Histoire d'Angleterre, par Rapin Thoyras. *La Haye*, 1727, 13 *vol. in-4. v. m.* — — — 13....12

137. De Deis Gentium varia & multiplex Historia, auctore Georgio Gyraldo. *Bafileæ*, 1560, *in-fol. v. b.* — — — — — 1....

138. Photii Bibliotheca, græce, edente Davide Hoefchelio. *Auguftæ Vindelicorum*, 1601, *in-fol. v. b.* — — — — — 2.....1

139. Plutarchi opera, græce, ex editione Henr. Stephani, & typis ejusdem Stephani. 1572, 6 *vol. in-8. v. b.* — — — — 11....19

140. Les Vies des Hommes illuftres de Plutarque, 30.....19

traduites par Dacier. *Amſterdam*, 1724, 9 *vol.* *in*-12. *v. f. d. ſ. t.*

141. Mahumetis vita ac doctrina, edente Bibliandro. *in-fol. v. b.*

F I N.

Les Livres ſeront vendus dans l'ordre qui ſuit :

Vendredi 20 *Juin.*

Les Nᵒˢ 108 à 141.
71 à 107.

Samedi 21 *Juin.*

Les Nᵒˢ 44 à 70.
1 à 43.

On vendra au commencement de chaque vacation, des Livres qui ne ſont pas détaillés dans le Catalogue.